Adrian Arnold

Gemeinwohlvorstellungen in der vorindustriellen Zeit

GRIN Verlag

Bibliografische Information der Deutschen Nationalbibliothek:

Die Deutsche Bibliothek verzeichnet diese Publikation in der Deutschen National-
bibliografie; detaillierte bibliografische Daten sind im Internet über http://dnb.d-
nb.de/ abrufbar.

Impressum:

Copyright © 2001 GRIN Verlag GmbH
Druck und Bindung: Books on Demand GmbH, Norderstedt Germany
ISBN: 978-3-640-86199-6

Dieses Buch bei GRIN:

http://www.grin.com/de/e-book/105497/gemeinwohlvorstellungen-in-der-vorindus-
triellen-zeit

GRIN - Your knowledge has value

Der GRIN Verlag publiziert seit 1998 wissenschaftliche Arbeiten von Studenten, Hochschullehrern und anderen Akademikern als eBook und gedrucktes Buch. Die Verlagswebsite www.grin.com ist die ideale Plattform zur Veröffentlichung von Hausarbeiten, Abschlussarbeiten, wissenschaftlichen Aufsätzen, Dissertationen und Fachbüchern.

Besuchen Sie uns im Internet:

http://www.grin.com/

http://www.facebook.com/grincom

http://www.twitter.com/grin_com

Otto - Friedrich - Universität Bamberg

PS "Einführung in die Wirtschafts- und Sozialgeschichte"
Lehrstuhl für Wirtschafts - und Sozialgeschichte

Wintersemester 1999/2000

Hausarbeit

Gemeinwohlvorstellungen in der vorindustriellen Zeit

Verfasser: Adrian Arnold

Studiengang: Soziologie (Dipl.)
Semester: 01

Abgabetermin: Wintersemester 1999/2000

Inhaltsverzeichnis

Einleitung

"Der Mensch ist ein soziales Wesen." - Mit diesem berühmten Satz machte der Grieche Aristoteles bereits im 4. Jahrhundert v. Chr. deutlich, daß sich alle menschlichen Gemeinschaften auf natürliche Triebe gründen. Aber wie verhält sich der Bezug zwischen Gemeinschaft und Gemeinwohl? Wieweit und wodurch wird dieses realisiert? Hierbei soll aber nicht der soziale Lebensstandard, sondern die – oft sehr staatstheoretische - Begriffsinterpretation des Gemeinnutzens geklärt werden. Daß sich Philosophie, Politik und Jurisprudenz mischen, muß anfangs verdeutlicht werden. Meine Absicht ist also, die rein theoretischen Ideengebäude von der Antike bis 1800 chronologisch abzuhandeln; zu diesem Zeitpunkt setzt allmählich die Industrialisierung ein. Meine Arbeit endet bereits hier, weil nicht nur intellektuell- theoretisch, sondern auch im gesellschaftlichen Alltag das Aufziehen einer industriellen Revolution sichtbar wird. Vor allem England ist dabei Vorreiter.

Die zeitliche Abfolge unterbreche ich in III. 2.) "10. bis 12. Jahrhundert", indem ich die Rezeption "Die lateinische Patristik" (4. - 7. Jahrhundert) ins Mittelalter einfüge. Das Wiederaufleben frühchristlicher Autoren, beispielsweise Augustinus, bildet nämlich für den Zeitraum vom 10. bis 12. Jahrhundert die breite konzeptionelle Grundlage für die Gemeinwohlterminologie. Außerdem fallen eigenständige Denkansätze in dieser Zeit so dürftig aus, daß im Groben nur die Patristik eine echte Konzeption darstellt. Gegensätzlich zur rein abstrakten Behandlung des Sozialwohlbegriffs habe ich den Exkurs über die Insel *Utopia* von Thomas Morus (1516) einfließen lassen, um ein praktisches, wenn auch imaginäres Beispiel für realisierte Gemeinnutzvorstellungen geben zu können.

Meine Quellen sind wenig umfangreich, was auch auf die spezielle Eingrenzung des Themas auf Gemeinwohltheorie und auf den Mangel an Notwendigkeit einer intellektuellen Beschäftigung mit diesem Grundsätzlichen Punkt zurückzuführen ist. Erst die Problematik der sozialen Frage in der Moderne forderte eine inhaltliche Auseinandersetzung. So stütze ich meine Arbeit hauptsächlich auf europäische Hochschulschrift über den *utilitas publica* seit der Antike bis um 1500. Um den restlichen Zeitraum bis 1800 abzudecken, zog ich die soziologisch gefärbte Schrift des Münchener Historischen Kollegs "Vom Gemeinnutz zum Eigennutz" hinzu. Sie beschreibt in nur ca. 40 Seiten den Normenwandel in der ständischen Gesellschaft der frühen Neuzeit. Als letztes Werk muß ein Reclam- Heft dienen, in dem der englische Humanist Thomas Morus die idealtypische Gemeinschaft auf *Utopia* darlegt; sein berühmtes Werk umfaßt zwei Teile, wobei nur die Beschreibung des Eilands *Utopia* relevant ist. Für die Begriffserklärung ist eine grundsätzliche, allgemeine Bestimmung des

Gemeinwohlbegriffs nötig, weswegen ich auf die einschlägigen Lexika des Brockhaus zurückgreife.

Natürlich ist bei meinem Thema eine Begriffsdefinition obsolet, die ich zu Beginn der Hausarbeit erstelle. Auf den erwähnten Hauptteil mit einem anachronistischen, aber gleichwohl logisch korrekten Abschnitt und dem auflockernden Exkurs folgt eine chronologische Zusammenfassung. Sie entbehrt persönlicher Wertungen oder Ansichten und repräsentiert einen kurzen Abriß der von mir gewählten Zeiträume mit deren Ideengebäuden. Vergleiche tauchen dort wieder auf, weil ich bereits im Hauptteil Parallelen und Unterschiede zwischen den verschiedenen Theoriesätzen aufzeige.

I. Begriffserklärung

Zuerst ist eine allgemeine Definition der hier untersuchten Bezeichnung "Gemeinwohl" nötig. Der Brockhaus beschreibt es als Wohlergehen einer Vielheit von Menschen, die in gegenseitiger Verflechtung ihrer Daseinsgestaltung und Bedürfnisbefriedigung lebt. Es entsteht aufgrund einer gedeihlichen Lebensordnung mit zugehörigen gemeinsamen Einrichtungen und baut sich aus Leistungen der Glieder der Gemeinschaft auf, setzt aber auch das Wohl Einzelner voraus oder läßt es zustande kommen.

Inhaltlich erschöpft sich das Gemeinwohl nicht in materieller Wohlfahrt - dies würde auf den "Gemeinnutz" zutreffen, sondern es meint vielmehr eine gute Verfassung aller Voraussetzungen und Gestaltungen menschlichen Lebens, neben den wirtschaftlichen auch der geistigen, künstlerischen, moralischen, nationalen und internationalen Beziehungen. Denn nur in einer angemessenen Ordnung aller dieser Lebensformen kann auch das menschliche Wohl als Ganzes zureichend verwirklicht werden. Dem Wohl des Staatsvolkes kann das Wohl Einzelner, auch ganzer nichtstaatlicher Gruppen untergeordnet werden. Wichtigstes Ordnungsmittel zur Verwirklichung des Gemeinwohls ist das Recht. Durch Gesetze wird Gerechtigkeit hergestellt, die das Gemeinwohl ermöglicht. Der Begriff wird vornehmlich auf die Gesamtgesellschaft angewandt und meint auch den Ausgleich zwischen verschiedenen Gruppenansprüchen unter Rücksicht auf das soziale Ganze.

II. Antike Gemeinwohlbegriffe

1.) In Griechenland

a) Platon

Schon im 5. / 4. Jahrhundert v. Chr. legt er das Gemeinwohl als politisches Ordnungsprinzip im Kern seiner Philosophie fest. Er beschreibt das öffentliche Wohl in expliziter Form als Glückseligkeit, Zuträglichkeit und Nutzen. Platons politische Philosophie basiert auf der Betrachtung einer idealen Gemeinschaft, der perfekten *polis*. [1]

Ferner steht der Zweck von politischen Gemeinschaften im Zentrum der platonischen Lehre. Sie müssen die Realisierung von Glück, Wohlbefinden, Interesse und Vorteil für alle Bürger leisten. Die Sorge für das Gemeinwohl ist eminent für Gerechtigkeit, und die Forderung nach dieser ist für alle in jeder Situation vorteilhaft. Der Nutzen wird als geordnetes, gerechtes, sittliches Leben gesehen. Platon zieht eine direkte Verbindung zwischen Gerechtigkeit und Glückseligkeit, die sich in einem geordneten Staat manifestieren; dieser erhält seine Legitimation aus dem genannten Doppelbegriff.

Er stellt die absolutistische Herrschaft eines Königs in Frage, weil diese zwangsläufig durch Egoismus gegenüber der Allgemeinheit geprägt ist. Das Volkswohl wird für den Staatslenker zur ethischen Norm und zum Regulativ.[2] Der Herrscher ist außerdem Hüter der Gesetze und der Gemeinschaftsordnung. Er muß die eigenen Bedürfnisse zurückstellen und den Zielen der *polis* (Glückseligkeit, Gerechtigkeit) unterordnen, was zu einem Auswahlkriterium für sein Amt wird. Voraussetzung des idealen Staatszustandes ist die gute Ordnung der politischen Gemeinschaft, welche durch Gesetz und Recht erhalten bleibt. Weil jeder Mensch naturgegeben nach persönlichen Vorteilen strebt, bedarf es Kontrollgruppen wie Gesetzen und politische Institutionen, um die Eigeninteressen der Machthaber zügeln. Platon schreibt dem Gemeinwohl Funktionen zu: es ist nicht nur moralisches Handlungsziel der Regierung, sondern auch Herrschaftslegitimation. Durch das Primat des Volkswohles entsteht eine Grenzlinie, die alle herrschaftspolitischen Aktivitäten klar umreißt. Allgemein läßt sich sagen, daß Platons Gemeinwohlkonzept eine stark politische Dimension besitzt. Es beinhaltet Funktionen als Pflicht, Ursache und Leitlinie für Staat und Politik.[3]

---

[1] HIBST, PETER: *Utilitas Publica – Gemeiner Nutz - Gemeinwohl*. Untersuchungen zur Idee eines politischen Leitbegriffes von der Antike bis zum späten Mittelalter. Frankfurt/ M., 1991, S.123.

[2] HIBST, PETER: *Utilitas Publica – Gemeiner Nutz - Gemeinwohl*. S.127.

[3] HIBST, PETER: *Utilitas Publica – Gemeiner Nutz - Gemeinwohl*. S.127.

b) Aristoteles

Platons Schüler Aristoteles[4] griff dessen idealisierte Konzeption vom gemeinen Nutzen auf und integrierte sie in seine rational- realistische Vorstellung einer *polis* als naturrechtlichen Organismus. Ausgangspunkt der staatsphilosophischen Konzeption stellt das natürliche Bedürfnis des Menschen nach politischem und sozialen Zusammenleben dar: der Mensch ist ein gemeinschaftliches Wesen (*zoon politikon*). Die *polis* repräsentiert einen natürlichen Organismus mit eigener Zielsetzung in Form des glücklichen Lebens, das sich auch in der vollkommenen Entfaltung des Menschen durch gelebte Tugend zeigt. Das gute Leben liegt ferner in der größtmöglichen Erfüllung seiner natürlichen Funktionen. Die Glückseligkeit im Gemeinwohl setzt sich aus "gut- Leben" und "sich- gut- Verhalten" zusammen, also durch ethische Sittlichkeit.[5] Ferner ist der allgemeine Nutzen durch ein edles, würdiges Leben bestimmt.

Weiter nennt Aristoteles die Existenz eines Staatszweckes, das politisch Gute des Allgemeinwohls, insofern dieses vollkommene Gerechtigkeit und Teilhabe an einem würdigen Leben bedeutet. Auch Tugendhaftigkeit in der Politik ist Voraussetzung für eine Realisierung des gemeinen Besten. Träger des Gemeinwohls sind die Staatsmänner, die aufgrund ihrer herausragenden Tugendhaftigkeit regieren und für das Bürgerwohl sorgen können. Dazu dienen ihnen Gesetze, wobei bei deren Formulierung sowohl Gerechtigkeit als auch das Gemeinwohl beachtet werden müssen. Erst die Gesetze befähigen die Menschen zur Wahrnehmung und Verwirklichung eines tugendhaften Lebens. Dies wiederum ist eine Voraussetzung für Erreichung und Wahrung des Gemeinnutzes. Die Regierung muß mit den Mitgliedern der *polis* kooperieren, um die Inhaltlichen Bestandteile der optimalen irdischen Gesellschaftsordnung verwirklichen zu können. Die beste Verfassung gewährleistet nach Aristoteles die optimale politische Ordnung, das politisch Gute, d.h. das Gemeinwohl. [6]

Er zieht mit diesen Theorien eine enge Verbindung zwischen der politischen Regierungsform und der Realisierung des Sozialwohls einer Gemeinschaft. Der gemeine Nutzen wird so Kriterium zur Unterscheidung zwischen "richtigen" und "falschen" bzw. "gerechten" und "ungerechten" Regierungssystemen. Aristoteles grenzt den Eigennutz vom Gemeinwohl ab und läßt nur diejenige Staatsform gelten, die dem allgemeinen Nutzen als Ziel beinhaltet. Das Gemeinwohl ist im speziellen der Nutzen der Regierenden und Regierten; es ist dem Individualwohl übergeordnet. Der Einzelne steht also nicht im Mittelpunkt, zieht

---

[4] siehe Anhang Abb.1.
[5] HIBST, PETER: *Utilitas Publica – Gemeiner Nutz - Gemeinwohl.* S.129.
[6] HIBST, PETER: *Utilitas Publica – Gemeiner Nutz - Gemeinwohl.* S.129.

Aber aus der Partizipation am Gemeinwohl seinen persönlichen Vorteil. Der Grad der Realisierung des allgemeinen Wohls dient als Maßstab politischen Handelns und mithin als Kriterium von Kritik an bestehenden politischen Verhältnissen. Das Prinzip des Allgemeinwohls wird Handlungsschranke, - legitimation, und - verpflichtung für die politischen Entscheidungsträger. Außerdem wird klar, daß bei Aristoteles das Gemeinwohl eine rein politische Dimension besitzt, insofern es natürlicher Zweck und Ziel jeder menschlichen Gemeinschaft ist.[7]

2.) In Rom

a) Cicero

Seine Gemeinwohlkonzeption nutzt die platonischen und aristotelischen Theorien als Fundament. Der Staat als *res publica* (öffentliche Sache) wird vielmehr mit *res populi* (Volkssache) bezeichnet. Hieraus wird Ciceros prägnante Staatsdefinition erklärbar: Die Gemeinschaft als das Volk ist eine Ansammlung von Menschen, die in Anerkennung des Rechts und der Gemeinsamkeit des Nutzens vereint sind. Wie Aristoteles hält er den Menschen für ein soziales Wesen, dessen Gesellschaft einen Wert in sich hat, indem sie keinen Zweck außerhalb sich selbst sucht. Der Sinn des Staates ist die Gerechtigkeit und die Realisierung des wahren und menschlichen Daseins, des Sozialwohls. Weil in der Gemeinschaft gegenseitige Hilfe notwendig ist, wirkt der einstmals egoistische Nutzen wechselseitig, so daß daraus Gerechtigkeit entsteht. So verbindet er Gerechtigkeit mit Gemeinnutz; sie sind getrennt von einander nicht vorstellbar.[8]

Ausgangspunkt für Ciceros Konzeption stellt die stoische Naturrechtslehre dar, die das Streben nach dem sozialen Wohl als natürliche, übergeordnete Eigenschaft ansieht. Handeln die politischen Akteure moralisch und tugendhaft, wird Gerechtigkeit, Frieden und das Gemeinwohl verwirklicht. Die *res publica* wird als Rechtsgemeinschaft aufgefaßt, die sich durch Gesetze und öffentliches Wohlergehen konstituiert. Beides steht in wechselseitiger Wirkung, denn das Recht garantiert Besitz und schützt den Einzelnen vor Egoismus und Willkür. Die enge Verbindung von Rechtsordnung, Gerechtigkeit und Gemeinwohl als Garanten der Realisierung des übergeordneten Gemeinschaftszweckes stellt das Besondere an Ciceros Gemeinwohlkonzeption dar.[9] Cicero sieht in dieser ein aus dem Sozialgebilde gewachsenes, natürliches Fundament einer Gesellschaftsordnung. Weil der Gemeinnutz als

---

[7] HIBST, PETER: *Utilitas Publica – Gemeiner Nutz - Gemeinwohl.* S.131.
[8] HIBST, PETER: *Utilitas Publica – Gemeiner Nutz - Gemeinwohl.* S.132.

natürliche Rechtsgrundlage fungiert und einzige Rechtsmaxime darstellt, dient er als juristische Norm. Cicero geht sogar soweit, Rechtsnorm und Gemeinwohl als absolut deckungsgleich zu betrachten und mit einer naturgegebenen Untrennbarkeit zu versehen.

Wie bei Aristoteles, sind die Regierenden integrierter Bestandteil des Allgemeinwohls, so daß sie ihren persönlichen nur über den allgemeinen Nutzen erreichen können. Das Einzelwohl ist vielmehr als identisch mit dem Gemeinschaftswohl anzusehen und steht in Abhängigkeit von Sittlichkeit.[10] Das Gemeinwohl bildet auch Regulativ für Verfassungsformen; folglich lehnt Cicero alle nicht dem Gemeinwohl dienenden Staatsordnungen als tyrannisch ab. Grundsätzlich sieht er den Gemeinnutz im glücklichen und tugendsamen Leben verwirklicht, während dieser speziell durch Sicherheit und Wohlstand der *res publica* inhaltlich definiert wird. Seine Gemeinwohlkonzeption ist stark von der stoischen Naturphilosophie geprägt. Die Staatslenker müssen ebenfalls den Idealen der stoischen Lehre entsprechen. Im Vergleich zu Platon und Aristoteles jedoch ist Ciceros Gemeinwohlkonzept deutlich juristischer. Darüber hinaus erhalten Ciceros Theorien durch die Notwendigkeit einer mittels der Rechtsordnung verfaßter Gerechtigkeit eine politische Dimension, die durch und in der Politik real wird. Die Qualität der erstrebten *res publica* wird am Grad der Realisierung des Gemeinnutzens gemessen, was auch von den griechischen Vorgängern postuliert wurde. Das Gemeinwohl ist Legitimation, Grenze und Zweck für alltägliche Entscheidungen der politischen Führung.[11] Seine Theorien und ihre Abwandlung dient im Mittelalter als Vorbild, indem sie die Grundlage der politisch verfaßten Gemeinschaft bildet.

b) Seneca

Der Lehrer Neros läßt eine Verbindung zwischen griechisch- römischer Staatsauffassung und antiker Herrscherethik erkennen. Tugendhafte Sittlichkeit und philosophische Weisheit werden für den Kaiser zum obersten Gebot; so gelten als Konsequenz die sittlichen Forderungen auch für die Untertanen. Die Frage nach der idealen Staatsform stellt Seneca nicht. Das heißt aber, daß der Monarch eine vollkommene Regierung darstellen muß, durch die primär Gerechtigkeit und Gemeinnutz hergestellt wird.[12] Nach Seneca muß der gottgleichen Position eines Kaisers Zweck und Inhalt verliehen werden, was durch philosophische Ethik und Moral geschieht. Im Besonderen meint er hier den Begriff der Mildtätigkeit, die als oberste Herrschertugend Schranken und Bedingungen im Handeln des

[9] HIBST, PETER: *Utilitas Publica – Gemeiner Nutz - Gemeinwohl*. S.135.
[10] HIBST, PETER: *Utilitas Publica – Gemeiner Nutz - Gemeinwohl*. S.136.
[11] HIBST, PETER: *Utilitas Publica – Gemeiner Nutz - Gemeinwohl*. S.137.
[12] HIBST, PETER: *Utilitas Publica – Gemeiner Nutz - Gemeinwohl*. S.138.

Monarchen aufzeigt. Nur durch die realisierte Ethik seiner Person kann den Menschen Gerechtigkeit und Wohlergehen zukommen, weil der Absolutistische Herrscher im Staat alle Funktionen repräsentiert.

Seneca beschreibt das wechselseitige Verhältnis zwischen Herrscher und Volk als organisch: der Kaiser als Kopf und Seele, das Volk als Körper mit Gliedern. Der Prinzeps wirkt ferner harmonisierend auf die Gemeinschaft, weil nur er als zentralistischer Ordnungspunkt widerstrebende Kräfte auflösen kann. Aber der Herrscher ist alleine (als Kopf) auch nicht lebensfähig, weswegen er durch Mildtätigkeit Gemeinwohl herstellen muß. Ohne dieses fehlt ihm Zustimmung und Zuneigung des Volkes, das letztlich seine Regentschaft trägt. Die Verpflichtung des Kaisers, für das Gemeinwohl zu sorgen leitet Seneca aus der übergeordneten gesellschaftlichen Position des *princeps* ab. Dies wird besonders auf das stoische Gedankengut zurückgeführt, das den Dienst an der Gemeinschaft fordert.[13] Der Herrscher steht wegen der stoischen Zügelung der Leidenschaften über dem Volk und ist so fähig, für dieses zu sorgen, ohne das Gemeinwohl zu mißbrauchen. Die Güte und moralische Festigkeit des Monarchen wirken auf das Volk, so daß ein friedliches, harmonisches und sozial stabiles Gefüge entsteht.

Während Cicero jeden Einzelnen als sozial aktives Mitglied des Gemeinwohls ansieht, rückt Seneca hiervon ab und stellt den *princeps* als alleinigen Gemeinschaftsträger in den Mittelpunkt seiner Staatstheorie. Dafür wird von ihm höchste stoische Ethik verlangt: Weisheit, Leidenschaftslosigkeit und Milde sowie soziale Verantwortung. Diese Tugenden sind alleinige Voraussetzung für die Realisierung des Gemeinwohls.[14] Darüber hinaus entspringt die monarchische Fürsorge um das Volk einem patriarchalischen Herrschaftsverständnis, wobei als Gegenleistung Liebe und Gefolgschaft der Untertanen erwartet wird.

Wie im Hellenismus ist das Streben der politischen Führung nach gemeinschaftlicher Wohlfahrt die Legitimation für die umfassende politische Macht. Wichtig ist, daß die Sorge um das Gemeinwohl in Zusammenhang mit der Qualität einer Herrschaft gestellt wird; es ist ferner Kriterium für die Güte des *princeps* . Ein Kaiser ohne Milde kann kein Gemeinwohl schaffen und ist somit ein Tyrann. Die Gemeinwohlkonzeption steht bei Seneca im Zentrum seiner stoisch geprägten Herrscherethik und hat weniger juristisch- staatstheoretische, dafür mehr personal- moralische Züge. Bei Seneca ist der gemeine Nutzen Legitimation, Begrenzung und Sinninhalt jeder monarchischer Handlung. Inhaltlich wird das Gemeinwohl

---

[13] HIBST, PETER: *Utilitas Publica – Gemeiner Nutz - Gemeinwohl.* S.138.

durch Frieden, Sicherheit, Eintracht und Wohlfahrt bestimmt.[15] Das Glück der Gemeinschaft ist mit dem des Kaisers untrennbar verschmolzen und weist eine gegenseitige Abhängigkeit auf. Auf diese Konzeption ist auch die frühmittelalterliche Doktrin der Verschmelzung von Herrscher- und Volkswohl zurückzuführen.

III. Gemeinwohlbegriffe im Mittelalter

1.) Im 9. Jahrhundert

Der Begriff des Gemeinwohls ist insofern problematisch, als die historische Forschung einen Mangel an ausführlichen Darstellungen und Texten in diesem Zeitraum aufzeigt. Im Zuge der "karolingischen Renaissance"[16] wurden antike und altchristliche Autoren wie Cicero oder Augustinus als theoretische Basis wiederentdeckt. Das Gemeinwohl wurde in unmittelbarer Abhängigkeit vom Wirken eines gerechten, christlich- tugendhaften Herrscher gesehen, womit theoretische Vorstellungen eines bestimmten Herrscherideals verbunden waren. Ohnehin beruhten im frühen und bis ins hohe Mittelalter hinein alle Formen staatlichen Lebens auf personalen Beziehungen vom und zum Regenten, so daß seine Person und "der Staat" weitgehend gleichgesetzt wurden. Die antiken Gemeinwohlideen, die eine Harmonie unter den "organischen" Teilen der Gesellschaft beschreibt, fanden in den mittelalterlichen Jahrhunderten nur eine indirekte Fortsetzung.[17] Die im römischen Kaiserreich zentrale Gemeinwohlkonzeption der kooperativen Einheit von Herrscher und Untertanen fand erst nach dem Entstehen eines Bewußtseins für die Erscheinung des "Staatlichen" als Abstraktum Widerhall.

So wurde im frühen und hohen Mittelalter für die Rolle des Kaisers eine intellektuell- philosophische Basis gesucht, die man teils in den römischen Theorien, teils in christlicher Moral fand. Das Gemeinwohl sollte - ähnlich wie bei Seneca - aus dem Handeln des *princeps* entstehen, der als Verkörperung von Staat und Volk für alle Untertanen Sorge trägt. Politisches Handeln und besonders politische Stabilität wurden mehr und mehr von einem Fürsten abhängig gemacht, was im Vergleich zum römischen Kaisertum der Nachrepublik eine zunehmende Verlagerung darstellt. Dies geht soweit, daß im 9. Jahrhundert außerhalb der persönlichen Rechte des Herrschers keine eigenständige Staatlichkeit existieren konnte. Nach

---

[14] HIBST, PETER: *Utilitas Publica – Gemeiner Nutz - Gemeinwohl.* S.139.
[15] HIBST, PETER: *Utilitas Publica – Gemeiner Nutz - Gemeinwohl.* S.142.
[16] HIBST, PETER: *Utilitas Publica – Gemeiner Nutz - Gemeinwohl.* S.158.
[17] HIBST, PETER: *Utilitas Publica – Gemeiner Nutz - Gemeinwohl.* S.159.

der Gemeinwohldefinition der Antike wird allgemeine Gerechtigkeit und somit gemeiner Nutz nur im Kaiser, aber nicht im gesamten Staatskörper konzentriert.

Das Gemeinwohl stellt sich als gerechte, friedliche politische Ordnung dar und wird für Volk und Regent gleichsam zur moralischen Verpflichtung. Der ethische Wert eines verwirklichten Gemeinwohls verstärkt sich, indem es gleich hoch mit Gerechtigkeit geschätzt und dem Segen Gottes unterstellt wird.[18] Die Vernachlässigung des Gemeinwohls aufgrund persönlicher Defizite des Souveräns verursacht eine Verschlechterung des politischen Zustandes und ist demnach weder gottgefällig noch gedeihlich für das Volk. Politische und ethische Qualität werden hier mit dem Gemeinschaftswohl verknüpft. Die Verwendung des Gemeinwohlbegriffes, besonders in der Staatstheorie, nährt sich aus antik- heidnischen und spätantik- christlichen Quellen. Es läßt sich ein Wiederaufleben dieses Begriffes im Vergleich zum ausgehenden römischen Imperium erkennen, allerdings erhielt der Gemeinnutz nicht mehr den gleichen Stellenwert als politisches Leitmotiv.

Der Gemeinnutz besitzt in der frühmittelalterlichen Staatstheorie noch kein konzeptionelles Profil und wird durch keine systematische Theorie untermauert. Trotzdem spielt es für die politisch Ethik eine wichtige Rolle und ist weiter Bestandteil der Moralisierung von Staats- und Herrschaftsauffassung, basierend auf christlichen Normen. Ethik, Funktion und Position des Herrschers haben im Gemeinwohl einen gleichen Nenner, das ihm Zweck und Rechtfertigung verleiht.[19] Das Gemeinwohl erhält auch konkrete Herrschaftsaufgaben, z.B. Schutz von Armen und Waisen. Das öffentliche Wohl wird also nicht mehr rein philosophisch- abstrakt aufgefaßt, sondern durch politisches Handeln verwirklicht. Es wird auch nicht mehr universal, sondern auf räumlich definierte, politisch organisierte Bereiche bezogen und auf das weltliche Gebiet außerhalb der Kirche begrenzt. Die Gleichsetzung von Königs- und Reichswohl weist auf eine personale Staatsauffassung hin. Trotzdem wird das Königtum auch als "Amt " bezeichnet, was eine Trennung von Person und Aufgabe und damit eine moderne, objektive Staatsauffassung bedeutet: der Kaiser als Amtsträger und Diener des Volkswohles. Der Gemeinnutz zeigt teilweise eine Betonung der Eigenständigkeit des weltlichen Bereichs im Kontrast zur Kirche, was auf den Beginn der Entwicklung eines Staatsbewußtseins hinweist. Das Allgemeine Wohlergehen wird zunehmend Aufgabe der politischen Führung, und nicht nur der Geistlichkeit.[20]

---

[18] HIBST, PETER: *Utilitas Publica – Gemeiner Nutz - Gemeinwohl.* S.161.
[19] HIBST, PETER: *Utilitas Publica – Gemeiner Nutz - Gemeinwohl.* S.169.
[20] HIBST, PETER: *Utilitas Publica – Gemeiner Nutz - Gemeinwohl.* S.171.

2.) 10. bis 12. Jahrhundert

a) Rezeption: Die lateinische Patristik

Die spätantike Patristik (4.- 7. Jahrhundert) ist Vorlage für die theoretischen Betrachtungen zwischen dem 10. und 12. Jahrhundert, und deswegen wichtig für ein historische Abhandlung. Römisch- christliche Geistliche *(patres)* arbeiteten seit dem ausgehenden Imperium an philosophischen Überlegungen wobei sie teilweise antikes Gedankengut verwendeten. Die *patres* (z.b. Augustinus, 354- 430 n.Chr.) formten diese Theorien nach christlichem Verständnis um und gaben der Theologie Priorität vor der Philosophie.[21] Das Verhältnis zwischen Mensch und Gott, der Schöpfung, der Welt und dem Mitmensch unterschied sich gänzlich von der Antike. Die Verchristlichung der antiken Philosophie führte zu einer Veränderung von Aussagecharakter und Zielrichtung, und somit auch vom Gemeinwohlbegriff. Er findet in der Patristik Verwendung, spielt jedoch im Vergleich zur Antike eine untergeordnete Rolle und stellt keine politische Grundidee für die Kirchenväter dar. Die christliche Nächstenliebe drängt den eng mit verfaßtem Recht verknüpften Gemeinwohlbegriff zurück und wird Ursache für individuelle, soziale Normen. Diese werden als religiöse Gebote zum Träger für die Sorge um das Wohl des Nächsten und Grund für die Unterordnung des Eigeninteresses.

Das Gemeinwohl als Erfüllung des Menschen sieht die Patristik letztlich nur nach dem Tod in Gott verwirklicht, nicht jedoch in der irdischen Welt. Weil der staatstheoretische Begriff antik- heidnisch ist, steht er im Gegensatz zum christlich- theologischen Gedankengebäude und wird damit inakzeptabel. Der politisch und juristisch umgrenzte Gemeinnutz der Antike, z.B. in der *polis*, ist Teil eines weltlichen Staates. Die Christen hingegen definieren alle Menschen als universale, religiöse Gemeinde mit geistlicher Führung. Die Übernahme dieser patristischer und spätkarolingischer Gemeinschaftsauffassungen im Bereich der politischen Theorie ist der Grund für den abnehmenden Stellenwert des politischen, weltlichen Gemeinwohlbegriffs.[22]

b) Gemeinwohltheorie

Weil so der gemeine Nutzen von der Spätantike bis zum 9. Jahrhundert kein zentrales Leitmotiv darstellen konnte, wird er auch nicht als solches im 10. / 11. Jahrhundert aufgegriffen. Die Untersuchung der Begriffsverwendung des Gemeinnutzens im Zeitraum

---

[21] HIBST, PETER: *Utilitas Publica – Gemeiner Nutz - Gemeinwohl.* S.142.
[22] HIBST, PETER: *Utilitas Publica – Gemeiner Nutz - Gemeinwohl.* S.156 f.

zwischen 10. und 12. Jahrhundert führt trotzdem zu beachtlichen Ergebnissen. Innerhalb der politischen Theorie wird dem Gemeinwohl eine staatliche, juristische, vorrangig aber moralische Aufgabe zugeordnet.[23] Wie auch im 9. Jahrhundert, kann bis zur Mitte des 12. Jahrhunderts eine weitere, deutliche Abnahme des Gemeinwohlbegriffes festgestellt werden. Er repräsentiert in dieser Zeit weder einen primären Hauptgedanken, noch einen bestimmten theoretischen Entwurf.

Auch wenn der Gemeinnutz als ethisch verpflichtende Norm und Richtschnur für Handlungen der Staatslenker gilt, können hinsichtlich seiner Abgrenzung, inhaltlicher Definition oder Zielsetzung keine weiteren Schlüsse gezogen werden. In der relevanten Literatur, die hauptsächlich aus klerikaler Hand stammt (v.a. Bischöfe), wird der explizite Ausdruck "Gemeinwohl" oder dessen Beschreibung nur selten gefunden und scheint dann nur formales Beiwerk zu sein. Vom 9. bis zum 12. Jahrhundert ging besonders die Menge von staatstheoretischen Schriften zurück, so daß eine Veränderung von politischen Werten und ihr Rang, speziell der elementare Gemeinwohlbegriff, nicht zu erwarten war. Der Gemeinnutz wird als politische Norm im Verhältnis zu vorangegangenen Epochen nicht aufgewertet.[24]

3.) Der Gemeinwohlbegriff zwischen 13. und 15. Jahrhundert

Dem Begriff des gemeinen Nutzens fällt in der politischen Theorie vom 13. bis zum 15. Jahrhundert eine wesentliche Rolle zu. Im Vergleich zu den vorangegangenen Epochen läßt sich eine Intensivierung des Begriffsgebrauchs feststellen, und zwar bei vielen der maßgeblichen Autoren. Diese Zunahme, wie überhaupt staatstheoretische Schriften in dieser Zeit, ist auf eine breite Rezeption von Aristoteles' politischen Werken zurückzuführen. Deshalb ist die Begrifflichkeit des Gemeinwohls im Spätmittelalter eng an Inhalte der Antike gebunden, ohne diese jedoch nur zu kopieren. Die der öffentliche Nutzen gewinnt durch die Interpretation der jeweiligen politischen Verfasser ein eigenes Profil. Allgemein ist zu sagen, daß bis auf Teiltheorien von   z.B.   Augustinus die Rezeption spätantiker oder frühmittelalterlicher Autoren für die Untersuchung des Gemeinwohlbegriffs im Spätmittelalter irrelevant ist. Der Gemeinnutzbegriff gewinnt bei den Theoretikern dieses Zeitraums wieder den Stellenwert einer vorrangigen Handlungsmaxime.[25]

---

[23] HIBST, PETER: *Utilitas Publica – Gemeiner Nutz - Gemeinwohl.* S.177.
[24] HIBST, PETER: *Utilitas Publica – Gemeiner Nutz - Gemeinwohl.* S.177.
[25] HIBST, PETER: *Utilitas Publica – Gemeiner Nutz - Gemeinwohl.* S.218.

Hinter dem Begriff wird eine ideelle Konzeption sichtbar, womit sich ein Entwicklungsprozeß des Bewußtseins für die abstrakte Erscheinung des "Staatlichen" erkennen läßt. Genau dieses war aber in den folgenden Jahrhunderten nach dem Ende der Antike verlorengegangen, bzw. durch christlich- religiöse Theorien verdrängt worden. Trotz des einheitlichen Auflebens antiker römischer und v.a. griechischer Werke existiert keine geschlossene Konzeption eines Gemeinwohlbegriffes. Dieser variiert nach dem jeweiligen Theoretiker und nach historisch- zeitlichen Gegebenheiten, was eine starke Geschichtlichkeit in diesen Jahrhunderten beweist. Generelle Aussagen sind hier also nur teilweise möglich, differenzierte Einzelbeispiele eignen sich besser für eine Konzeptdarstellung. Trotzdem lassen sich im Vergleich der Autoren Übereinstimmungen feststellen. Der Gemeinnutz besitzt neben einer politischen auch eine rechtliche und herrschaftsethische, also moralische Dimension. Dies macht deutlich, wie eng diese drei Attribute mit dem Sozialwohl verknüpft sind; es wird als idealer Zustand und Zwecksetzung einer politisch verfaßten Gemeinschaft angesehen. Ferner stimmt es inhaltlich mit Frieden (*pax*), Gerechtigkeit (*iustitia*) und gesellschaftlicher Harmonie überein, was sich durch die Festlegung traditioneller Herrschaftsaufgaben konkretisieren kann. Hierbei bilden die Gesetze des natürlichen, aber auch des göttlichen Rechts die Grundlage. [26]

Auch in dieser Periode ist der Gemeinnutz Handlungszweck, - grenze und - grund bei politischen Entscheidungen und ihrer Träger. Er ist ein moralisches Regulativ und sorgt für gesamtgesellschaftliche Integration. Das Ziel des Allgemeinwohls wird nur noch teilweise christlich- religiös, zunehmend aber politisch- irdisch begründet. Ein weiterer Dualismus läßt sich hinsichtlich des Trägers des Gemeinnutzens erkennen: neben dem alten Prinzip der Monarchie übernehmen vermehrt bürgerlich- kommunale Institutionen die wichtige Aufgabe der Gemeinwohlrealisierung. Diese staatstheoretische Umwertung läßt sich auf das gleichzeitige Erstarken der Städte und der adeligen bzw. kaufmännischen Mittel- und Oberschicht im politischen Bereich zurückführen. Der Gemeinnutzbegriff steht im untersuchten Zeitraum vermehrt unter dem Einfluß politischer Krisen, Konfrontationen mächtiger Gruppen und öffentlicher Diskussion. Darüber fand eine Politisierung des Gemeinwohlbegriffs statt, wodurch dieser zum programmatischen Argumentationspunkt von konkurrierenden Machtgruppen wurde.[27]

Der Begriff zeigt außerdem eine Säkularisierung des Staatsdenkens auf, wobei er zunehmend der Formulierung einer autonomen Zwecksetzung für das politische

---

[26] HIBST, PETER: *Utilitas Publica – Gemeiner Nutz - Gemeinwohl*. S.219.
[27] HIBST, PETER: *Utilitas Publica – Gemeiner Nutz - Gemeinwohl*. S.219 f.

Gemeinwesen außerhalb des Klerus dient. Trotzdem bleibt der Idee des Sozialwohls Aller eine christlich- jenseitige Prägung erhalten. Die frühmittelalterliche, sehr personenfixierte These der Einheit von Herrscher- und Volkswohl wird durch die untersuchten Theoretiker nicht mehr aufgegriffen, vielmehr verschwindet sie völlig. Diese Entwicklung spiegelt sich auch im Beginn einer Verbreiterung der politischen Führungsschicht und in der vergrößerten Wahrnehmung alles "Staatlichen" wieder.[28] Zu den wichtigen staatstheoretischen Autoren mit Gemeinwohlbezug zählen u.a. Thomas von Aquin.

IV. Gemeinwohlbegriffe zwischen 1500 und 1800

1.) Theoretische Stellung des Gemeinwohlbegriffs

Die Gesellschaftsstruktur hat sich seit dem Mittelalter zu einer Ständegesellschaft hinentwickelt; in ihr bildete Gemein- und Eigennutz ein zusammengehöriges Paar von Verhaltensnormen. Dabei wurde freilich der Gemeinwohlbegriff intensiver untersucht, u.a. weil er zentrale programmatische Staatstheorie seit Beginn der Neuzeit darstellt. Doch es läßt sich ab dem Beginn der Neuzeit eine neue Tendenz feststellen: aktive Politik zur Förderung und Sicherung des Handels wurde mit dem Gemeinnutz legitimiert. Das Allgemeinwohl ist darüber hinaus auch verdinglichte Form dieses Begriffs, also das Gemeinwesen selbst. Es soll seine verschiedenen Glieder in einer "guten Ordnung" von Obrigkeit und Untertanen zusammenfügen, alle Teile müssen harmonisch koexistieren.[29]

Neben diesem funktionalem besitzt der Gemeinwohlbegriff in dieser Zeit noch einen normativen Charakter, indem er ein Regulativ für das Wohlverhalten des Einzelnen verkörpert. Denn man war sich bewußt, daß der Mensch durch seine Natur gegen das christliche Lebensideal verstößt, so daß ein ständiges Ethikmuster die schädlichen Triebe im Menschen lenken muß. Das organologische Konzept der Gemeinschaft - und mit ihr das Gemeinwohl - wird in der Neuzeit vervollständigt. Der Einzelne muß seine Funktion wie Organe und Glieder erfüllen, um so den ganzen Gesellschaftskörper zu tragen. Die Gemeinwohlfunktion ist nicht mehr ausschließlich Aufgabe der Regierung (des Herrschers), sondern umfaßt alle Mitglieder, bis hin zu den Bauern. Die Funktion ist vielschichtig, sie zielt

---

[28] HIBST, PETER: *Utilitas Publica – Gemeiner Nutz - Gemeinwohl.* S.220.
[29] SCHULZE, WINFRIED: *Vom Gemeinnutz zum Eigennutz.* Über den Normenwandel in der ständischen Gesellschaft der frühen Neuzeit. Schriften des historischen Kollegs, München 1987, Vortrag 13, S.11 f.

auf gerechte Herrschaft, ist Verkörperung dieser guten Gesellschaft und will nicht nur Staatserhalt, sondern auch Gemeinschaftswohlfahrt.[30]

Gleichzeitig mit Gemeinwohlvorstellungen geht in dieser Zeit auch Ächtung des Eigennutz einher, indem er den verbreitetsten Negativbegriff in der ständischen Gesellschaft der frühen Neuzeit verkörpert. Insbesondere das Wirtschaftsleben zu Beginn des 16. Jahrhunderts war geprägt von einer Verhaltensethik, die sich am Allgemeinen Nutzen orientierte - gültig für alle Wirtschaftsteilnehmer. Der Kern des Gemeinwohlbegriffes, der oft im direkten Zusammenhang mit dem Eigennutz fällt, ist ab dem Beginn der Neuzeit als Normensystem beschreiben: Die Vorstellung einer stabilen Ordnung, die funktionale Zuweisung von Aufgaben an bestimmte Gruppen und die Idee einer prinzipiellen schöpfungsbedingten Harmonie. Hier tritt ein Widerspruch auf: die Theorien vom selbstlosen Verhalten stehen ab dem 16. / 17. Jahrhundert zunehmend im Gegensatz zur Realität. Das allmähliche Entstehen einer nationalen und europäischen Wirtschaftsordnung führte zu vermehrter Handelsaktivität des Bürgertums, was den ökonomischen Eigennutz als Grundlage hatte. Trotzdem wurden Abweichungen von der christlichen Norm als persönlich zu verantwortendes Handeln wider den Schöpfungsauftrag angesehen.[31]

Der Kontrast aus Gemeinwohl und Eigennutz ist jedoch nur anfangs elementar für die Gemeinwohlkonzeption der frühen Neuzeit. Die Entwicklung der ökonomischen und staatlichen Verhältnisse in ganz Westeuropa bildet den Boden für eine Abkehr vom christlich-ethischen Gemeinwohlbegriff. Der Gegensatz wird gelöst, als die auftretende wirtschaftliche Veränderung die alten Normen verdrängt. Der öffentliche Wohlstand soll nun durch das eigennützige Streben der Menschen nach besseren Lebensbedingungen erreicht werden, was als natürlich gilt. Gesellschaftlicher Zusammenhalt, Harmonie, wird nicht mehr durch Walten des Monarchen erreicht, sondern durch ein Netz allgemeiner Abhängigkeit im Streben nach individueller Bedürfnisbefriedigung. Diese Umkehr des Gemeinwohlbegriffs läßt sich in Europa chronologisch an Texten von Montagne, Pascal, La Rochefoucauld oder Adam Smith nachweisen. Spätestens 1776 macht dieser in "Wohlstand der Nationen" deutlich, wie durch Wirtschaftsveränderung und beginnende Industrialisierung (besonders in Großbritannien) der *Eigennutz* des Individuums Triebkraft für Wohlfahrt der Gemeinschaft wird.[32]

---

[30] SCHULZE, WINFRIED: *Vom Gemeinnutz zum Eigennutz.* S.12 f.
[31] SCHULZE, WINFRIED: *Vom Gemeinnutz zum Eigennutz.* S.14 ff.
[32] SCHULZE, WINFRIED: *Vom Gemeinnutz zum Eigennutz.* S.16.

2.) Exkurs: "Utopia" von Thomas Morus

In dem Werk "Utopia" (1516) des englischen Humanisten Thomas More[33] wird eine ideale Gesellschaft auf der imaginären Insel Utopia[34] geschildert. Auf ihr wird jede Großfamilie, ob Stadt oder Land, vom ältesten Ehepaar geleitet und zählt ca. 40 Mitglieder. Die Hälfte davon sind "Gäste" aus dem jeweils anderen Ressort (Stadt bzw. Land), die für zwei Jahre das dortige Leben erlernen sollen. Je 30 dieser Großfamilien wählen einen *phylarchen* in ein Gremium von 200 Mandatsträgern, die einen Senat mit 20 *protophylarchen* (plus zwei täglich wechselnden *phylarchen)* und das Staatsoberhaupt als höchste Entscheidungsmächte bestimmen.[35] Die Gesetze sind im allgemeinen auf ein Minimum reduziert, um größtmögliche Freiheit zu garantieren. Kriminelle müssen ihre Vergehen als "Strafsklaven" in Form von gemeinnütziger Arbeit ableisten. Nach der Verbüßung werden sie wieder als vollwertige Mitglieder integriert. Die Todesstrafe ist zwar nicht abgeschafft, wird aber nur in den schwersten Fällen angewandt. Es gibt keinen Wunsch nach Handelsbeziehungen oder Militärverträgen; Utopia sieht sein Glück in einer zurückgezogenen Unabhängigkeit.

Das Privateigentum ist abgeschafft, das Land wurde zweckmäßig an die Großfamilien übertragen, wodurch Reichtum gerecht verteilt und Armut beseitigt wird. Die Wirtschaft ist in zwei Sektoren unterteilt: landwirtschaftliche Produktion (Nahrung, Rohstoffe) und städtisches Gewerbe (Verarbeitung, Dienstleistung). Die Arbeitszeit ist auf sechs Stunden täglich reduziert, der Schlaf soll acht Stunden betragen, so daß mit Essen und Arbeitspause täglich drei Stunden Freizeit bleiben. Dies wird durch organisierte Arbeitsteilung ermöglicht, wobei jedoch kein Plansoll feststeht. Die geringen Arbeitszeiten ermöglichen produktive Beschäftigung für alle und die Beseitigung der Arbeitslosigkeit.[36] Überschüsse aller Produktionsbetriebe werden als Zweijahresvorrat eingelagert, Überschüsse werden exportiert. Die Gewinne daraus werden für die militärische Verteidigung genutzt. Utopia ist wirtschaftlich sehr autark und importiert nur nicht vorhandenes.

Alle Kinder erhalten Schulbildung bis hin zu den wissenschaftlichen Disziplinen. Die Begabtesten besuchen die Universität und nehmen später Führungspositionen ein. Die medizinische Betreuung wird ständig verbessert und gilt für alle in gleichem Ausmaß.[37] Kranke werden zusätzlich durch Freunde, Verwandte etc. seelisch betreut. Bei unheilbaren Leiden ist auf Wunsch der Patienten Sterbehilfe möglich. Geld oder Währung gibt es nicht

---

[33] siehe Anhang, Abb.2.
[34] siehe Anhang, Abb.3.
[35] MORUS, THOMAS: *Utopia.* Übersetzt von Gerhard Ritter. Reclam Verlag, Stuttgart 1964 und 1983, S.60- 65.
[36] MORUS, THOMAS: *Utopia.* S.67- 70.
[37] MORUS, THOMAS: *Utopia.* S.87.

mehr, weil alle Güter im Überfluß vorhanden sind. Schmuck oder Wertgegenstände werden abgelehnt, sie werden nur als Tauschmittel für den Import oder für Kriegszwecke verwendet. Der Krieg wird zwar als bestialisch verabscheut, man mietet aber Söldnergruppen für die Landesverteidigung oder zur Errichtung neuer Kolonien an.[38]

Zusammenfassung

Die Sorge für das Gemeinwohl ist bei Platon elementar für Gerechtigkeit, die allen Bürgern in gleicher Weise Nutzen bringt. Recht und Glückseligkeit sind untrennbar miteinander verbunden und legitimieren den Staat. Die Fähigkeit, Egoismus zu unterdrücken wird zum Auswahlkriterium für das Amt des Staatslenkers. Der ideale Herrscher sorgt für das Gemeinwohl, an dem er Teil hat. Das Volkswohl wird für ihn zum moralischen Handlungsziel.[39] Weil jeder Mensch naturgegeben nach persönlichen Vorteilen strebt, bedarf es staatlicher Kontrollgruppen, um die Eigeninteressen zu zügeln. Durch das Primat des Volkswohles entsteht nämlich eine Grenzlinie, die alle herrschaftspolitischen Aktivitäten klar umreißt. Voraussetzung des idealen Staatszustandes ist die gute Ordnung der politischen Gemeinschaft, welche durch Gesetz erhalten bleibt und sich stark in Sittlichkeit äußert.

Den Ausgangspunkt bei Aristoteles stellt das natürliche Bedürfnis des Menschen nach sozialem Zusammenleben dar. Die *polis* repräsentiert einen natürlichen Organismus mit Zielsetzung des glücklichen Lebens der Bürger, das sich auch in der vollkommenen Entfaltung des Menschen durch gelebte Tugend zeigt. Erst die Gesetze befähigen die Menschen hierzu. Ferner ist der allgemeine Nutzen durch ein edles, würdiges Leben bestimmt. Auch politische Sittlichkeit ist Voraussetzung für eine Realisierung des gemeinen Besten. Die Regierung muß mit den Mitgliedern der *polis* kooperieren, um die Inhaltlichen Bestandteile der optimalen irdischen Gesellschaftsordnung verwirklichen zu können. Die beste Verfassung gewährleistet nach Aristoteles die optimale politische Ordnung, also das Gemeinwohl. Er zieht mit diesen Theorien eine enge Verbindung zwischen der politischen Regierungsform und der Realisierung des Sozialwohls. Dieses ist dem   Individualwohl übergeordnet. Der Grad der Gemeinnutzealisierung dient als Maßstab politischen Handelns

---

[38] MORUS, THOMAS: *Utopia*. S.115 ff.
[39] HIBST, PETER: *Utilitas Publica – Gemeiner Nutz - Gemeinwohl*. S.127.

und mithin als Kriterium von Kritik an bestehenden Verhältnissen. Bei Aristoteles besitzt das Gemeinwohl eine enorme politische Dimension.[40]

Ciceros hingegen sieht die Gemeinschaft als eine Ansammlung von Menschen, die in Anerkennung des Rechts und der Gemeinsamkeit des Nutzens vereint sind. Sinn des Staates ist Gerechtigkeit und die Realisierung des wahren und menschlichen Daseins. Weil in der Gemeinschaft gegenseitige Hilfe notwendig ist, wirkt der einstmals egoistische Nutzen wechselseitig, so daß daraus Gerechtigkeit entsteht. Sie kettet sich naturgemäß mit dem Gemeinnutz zusammen. Den Ausgangspunkt der Betrachtung stellt die stoische Naturrechtslehre dar, die das Streben nach dem sozialen Wohl als natürliche Eigenschaft ansieht. Handeln die politischen Akteure moralisch und tugendhaft, wird Gerechtigkeit, Frieden und somit Gemeinwohl verwirklicht. Die enge Verbindung von Recht und Gemeinwohl als Garanten der Realisierung des übergeordneten Gesellschaftszweckes stellt das Besondere an Ciceros Gemeinwohlkonzept dar.[41] Dies ist Meßlatte für "gute" Verfassungsformen. Im Vergleich zu Platon und Aristoteles fällt auf: Ciceros Theorie ist politischer und juristischer, die Gemeinschaftsqualität wird am Grad der Gemeinwohlrealisierung gemessen. Der öffentliche Nutzen dient als juristische Norm.

Seneca zieht eine Verbindung zwischen antiker Herrschermoral und hellenistisch-römischer Staatsauffassung. Philosophische Weisheit wird für Kaiser und Untertan zur alltäglichen Pflicht. Der Monarch muß eine idealtypische Regierung darstellen, durch deren absolutistische Stellung primär Gemeinnutz hergestellt wird.[42] Seneca beschreibt organologisch das wechselseitige Verhältnis zwischen Herrscher und Volk als: der Kaiser als Kopf und Seele, das Volk als Körper mit Gliedern. Der *princeps* wirkt harmonisierend auf die Gemeinschaft, weil nur er widerstrebende Kräfte auflösen kann. Aber er ist alleine auch nicht lebensfähig, weswegen er durch Mildtätigkeit Gemeinwohl erreichen muß.

Diese Theorien basieren auf der stoischen Weisheit, die Dienst an der Gemeinschaft fordert.[43] Cicero sieht den Einzelnen als sozial aktiv an, Seneca hingegen stellt den *princeps* als alleinigen Gemeinschaftsträger in den Mittelpunkt. Der Herrscher zügelt seine Leidenschaften und ist so befähigt, für das Volk zu sorgen, ohne das Gemeinwohl zu mißbrauchen. Dieses Verhalten begründet sich auch in einem patriarchalischen Herrschaftsverständnis, wobei als Gegenleistung Liebe und Gefolgschaft der Untertanen erwartet wird. Wie im Hellenismus ist das Streben nach gemeinschaftlicher Wohlfahrt die

---

[40] HIBST, PETER: *Utilitas Publica – Gemeiner Nutz - Gemeinwohl.* S.131.
[41] HIBST, PETER: *Utilitas Publica – Gemeiner Nutz - Gemeinwohl.* S.135.
[42] HIBST, PETER: *Utilitas Publica – Gemeiner Nutz - Gemeinwohl.* S.138.

Rechtfertigung für umfassende politische Macht. Die Sorge um das öffentliche Wohlergehen ist Kriterium für Qualität einer Herrschaft, die mehr personale- moralische Züge trägt als bei Cicero. Auf diese Vorstellungen ist auch die frühmittelalterliche Doktrin der Verschmelzung von Herrscher- und Volkswohl zurückzuführen. Das Glück der Gemeinschaft ist mit dem des Kaisers untrennbar verschmolzen und weist eine gegenseitige Abhängigkeit auf. Das Prinzip des gemeinen Nutzens wird bei Aristoteles, Cicero, Seneca und vom 12. – 15. Jahrhundert zur Handlungslimitation, - legitimation, und - obligation der politischen Entscheidungsträger.

Im Zuge der "karolingischen Renaissance" wurden im 9. Jahrhundert antik- heidnische und frühchristliche Autoren wiederentdeckt.[44] Das Gemeinwohl wird in unmittelbarer Abhängigkeit vom Wirken eines gerechten, christlich- tugendhaften Herrschers gesehen, womit theoretische Vorstellungen eines bestimmten Herrscherideals verbunden sind. So wird im frühen und hohen Mittelalter für die Rolle des Kaisers eine intellektuell- philosophische Basis gesucht, die man teils in den römischen Theorien, teils in christlicher Moral fand. Das Gemeinwohl sollte - wie bei Seneca - aus dem Handeln des Kaisers entstehen, der als Verkörperung von Staat und Volk für alle Untertanen Sorge trägt. Politisches Handeln und Stabilität wurden zunehmend von einem absolutistischen Fürsten abhängig gemacht. Die Vernachlässigung des Gemeinwohls aufgrund seiner persönlichen Defizite verursacht eine Verschlechterung des politischen Zustandes und ist demnach weder gottgefällig noch gedeihlich für das Volk. Der Gemeinwohlterminus besitzt in der frühmittelalterlichen Staatstheorie noch keine allgemeingültige Definition und wird durch kein systematisches Gedankengebäude gestützt.

Ethik, Funktion und Position des Herrschers haben einen gleichen Nenner im Gemeinnutz, das dem Kaiser Ziel und Rechtfertigung verleiht.[45] Das öffentliche Wohl wird nicht mehr abstrakt aufgefaßt, sondern durch politische Aktivität erreicht. Es wird ferner nicht mehr universal, sondern auf geographisch definierte, politische Gebiete bezogen und als weltliches Ressort vom Klerus getrennt. Im Kontrast zu diesem zeigt der Gemeinnutz eine Betonung der Eigenständigkeit im weltlichen Bereich, was auf den Entwicklungsbeginn eines Staatsbewußtseins hindeutet. Das Allgemeine Wohlergehen wird immer weniger Aufgabe der Geistlichkeit. Die Gleichsetzung von Königs- und Reichswohl weist auf eine verstärkt personalisierte Staatsauffassung hin. Trotzdem wird das Königtum auch als "Amt"

---

[43] HIBST, PETER: *Utilitas Publica – Gemeiner Nutz - Gemeinwohl.* S.138.
[44] HIBST, PETER: *Utilitas Publica – Gemeiner Nutz - Gemeinwohl.* S.158.
[45] HIBST, PETER: *Utilitas Publica – Gemeiner Nutz - Gemeinwohl.* S.169.

bezeichnet, was eine Trennung von Person und Aufgabe und damit eine moderne Staatsauffassung bedeutet.[46]

Die spätantike Patristik formt die antiken Theorien um und gibt der Theologie Priorität vor der Philosophie.[47] Diese Verchristlichung der antiken Lehre führt zu einer Veränderung von Aussagecharakter und Zielrichtung des Gemeinwohlterminus. Die christliche Nächstenliebe drängt den eng mit verfaßtem Recht verknüpften Begriff zurück und wird Ursache für individuelle, soziale Normen. Das Wohlergehen als Erfüllung des Menschen sieht die Patristik letztlich im Jenseits verwirklicht, nicht jedoch im Diesseits. Der politisch und juristisch umgrenzte Gemeinnutz der Antike ist Teil eines weltlichen Staates. Die Christen hingegen definieren alle Menschen als universale, religiöse Gemeinde mit geistlicher Führung. Die Übernahme patristischer und spätkarolingischer Gemeinwohltheorien in den politischen Bereich ist der Grund für den abnehmenden Stellenwert des weltlichen Gemeinwohlterminus.[48]

Innerhalb der politischen Theorie wird dem Gemeinwohl vorrangig eine moralische Funktion zugeordnet. Wie auch im 9. Jahrhundert, kann bis zur Mitte des 12. Jahrhunderts eine weitere, deutliche Abnahme des Gemeinwohlbegriffes festgestellt werden. Er repräsentiert in dieser Zeit weder einen primären Gedanken, noch einen bestimmten theoretischen Entwurf. Vom 9. bis zum 12. Jahrhundert geht besonders die Menge von staatstheoretischen Schriften zurück, so daß eine Veränderung von politischen Werten und ihr Rang, speziell der Gemeinwohlbegriff, nicht zu erwarten war. Er wird in diesem Bezug im Verhältnis zu vorangegangenen Epochen nicht aufgewertet.[49]

In der politischen Theorie vom 13. bis zum 15. Jahrhundert läßt sich eine Intensivierung des Begriffsgebrauchs durch eine breite Rezeption   hellenistischer Werke feststellen. Der *utilitas publica* gewinnt durch die Interpretation der jeweiligen politischen Verfasser ein eigenes Profil. Der Gemeinnutzbegriff gewinnt wieder den Stellenwert einer vorrangigen Handlungsmaxime. Hinter ihm wird eine ideelle Konzeption sichtbar, womit sich ein Entwicklungsprozeß des Bewußtseins für die abstrakte Erscheinung des "Staatlichen" erkennen läßt.[50] Das öffentliche Wohl besitzt darüber hinaus eine rechtliche und herrschaftsethische Dimension. Sein Ziel wird weniger christlich- religiös, zunehmend aber politisch- weltlich begründet. Neben der Monarchie übernehmen vermehrt bürgerlich-

---

[46] HIBST, PETER: *Utilitas Publica – Gemeiner Nutz - Gemeinwohl*. S.171.
[47] HIBST, PETER: *Utilitas Publica – Gemeiner Nutz - Gemeinwohl*. S.156 f.
[48] HIBST, PETER: *Utilitas Publica – Gemeiner Nutz - Gemeinwohl*. S.156 f.
[49] HIBST, PETER: *Utilitas Publica – Gemeiner Nutz - Gemeinwohl*. S.177.
[50] HIBST, PETER: *Utilitas Publica – Gemeiner Nutz - Gemeinwohl*. S.220.

kommunale Institutionen die wichtige Aufgabe der Gemeinwohlrealisierung. Es fand eine Säkularisierung des Gemeinwohlbegriffs statt. Der Terminus dient zunehmend der Formulierung autonomen Zwecks für das politische Gemeinwesen außerhalb des Klerus. Diese Entwicklung spiegelt sich auch im Beginn einer Verbreiterung der politischen Führungsschicht. Die frühmittelalterliche, personenfixierte These der Einheit von Herrscher- und Volkswohl verschwindet. Trotzdem bleibt dem Gemeinnutzbegriff eine christlich-jenseitige Prägung erhalten.

Aktive Politik zur Förderung und Sicherung des Handels wurde ab dem Beginn der Neuzeit zunächst mit dem öffentlichen Nutzen legitimiert. Der Gemeinwohlbegriff besitzt einen normativen Charakter; man ist sich bewußt, daß der Mensch durch seine Natur gegen das christliche Lebensideal verstößt, so daß ein Ethikmuster die schädlichen Triebe lenken muß. Das organologische Konzept der Gemeinschaft wird in der Neuzeit vervollständigt. Auch der Einzelne muß seine Funktion wie Organe und Glieder erfüllen, um so den ganzen Gesellschaftskörper in harmonischer Ordnung zu tragen.[51]

Das Wirtschaftsleben zu Beginn des 16. Jahrhunderts ist geprägt von einer Verhaltensethik, die sich am Sozialwohl orientiert und gilt für alle Wirtschaftsteilnehmer. Das Bild der Selbstlosigkeit steht aber ab dem 16. / 17. Jahrhundert zunehmend im Gegensatz zur Realität. Das allmähliche Entstehen komplexer Wirtschaftsstrukturen erfordert vermehrt bürgerlichen Handel, der ökonomischen Eigennutz zur Grundlage hat. Diese Entwicklung der ökonomischen und staatlichen Verhältnisse in ganz Westeuropa bildet den Boden für eine Abkehr vom christlich- ethischen Gemeinwohlbegriff. Der öffentliche Wohlstand soll statt dessen durch das natürliche, persönliche Streben der Menschen nach besseren Lebensbedingungen erreicht werden. Gesellschaftlicher Zusammenhalt wird nun durch ein Netz allgemeiner Abhängigkeit im Streben nach individueller Bedürfnisbefriedigung erreicht.[52]

---

[51] SCHULZE, WINFRIED: *Vom Gemeinnutz zum Eigennutz.* S.11 f.
[52] SCHULZE, WINFRIED: *Vom Gemeinnutz zum Eigennutz.* S.16.

Literaturverzeichnis

Quellen

1.) Hibst, PETER: *Utilitas Publica – Gemeiner Nutz - Gemeinwohl.* Untersuchungen
zur Idee eines politischen Leitbegriffes von der Antike bis zum
späten Mittelalter. Frankfurt/ M., 1991.

2.) SCHULZE, WINFRIED: *Vom Gemeinnutz zum Eigennutz.* Über den Normenwandel
in der ständischen Gesellschaft der frühen Neuzeit. Schriften
des historischen Kollegs, München 1987, Vortrag 13.

Darstellungen

1.) MORUS, THOMAS: *Utopia.* Übersetzt von Gerhard Ritter. Reclam Verlag, Stuttgart 1964
und 1983.